环保运动先锋
蕾切尔·卡逊

[英] 安妮·鲁尼 | 著
[英] 伊莎贝尔·伦迪 | 绘图
尚开容 王媛媛 | 译

西南大学出版社
国家一级出版社 全国百佳图书出版单位

The Salariya Book Company Limited 2019
The simplified Chinese translation rights arranged through Rightol Media
（本书中文简体版权经由锐拓传媒旗下小锐取得 E-mail:copyright@rightol.com）

版贸核渝字（2021）第 015 号

图书在版编目（CIP）数据

环保运动先锋：蕾切尔·卡逊／（英）安妮·鲁尼著；（英）伊莎贝尔·伦迪绘图；肖开容，王媛媛译．—重庆：西南大学出版社，2022.1
（"杰出女科学家"系列）
ISBN 978-7-5697-0914-8

Ⅰ.①环… Ⅱ.①安… ②伊… ③肖… ④王… Ⅲ.①卡森(Carson, Rachel 1907-1964)—生平事迹 Ⅳ.①K837.126.1

中国版本图书馆 CIP 数据核字（2021）第 101710 号

"杰出女科学家"系列
环保运动先锋——蕾切尔·卡逊
HUANBAO YUNDONG XIANFENG — LEIQIE'ER · KAXUN
［英］安妮·鲁尼 著　　［英］伊莎贝尔·伦迪 绘图　　肖开容　王媛媛 译

项目策划：	伯古娟
责任编辑：	李晓瑞
责任校对：	李　君
装帧设计：	观止堂_未　氓
出版发行：	西南大学出版社（原西南师范大学出版社）
	地址：重庆市北碚区
印　　刷：	重庆康豪彩印有限公司
幅面尺寸：	212mm×240mm
印　　张：	2
印　　数：	1—5000册
版　　次：	2022年1月第1版
印　　次：	2022年1月第1次
书　　号：	ISBN 978-7-5697-0914-8
定　　价：	38.00元

目录

一生中的重要地方

1　前言
2　童年生活
4　当作家还是当科学家？
6　"向海呐喊"
8　从事海洋研究
10　多本著作出版
12　畅销书作家
14　科学奇迹还是自然威胁？
16　抨击滴滴涕
18　对科学和政策的影响
20　《寂静的春天》产生的影响
22　留给世界的遗产
24　人生时间轴

一生中的重要地方

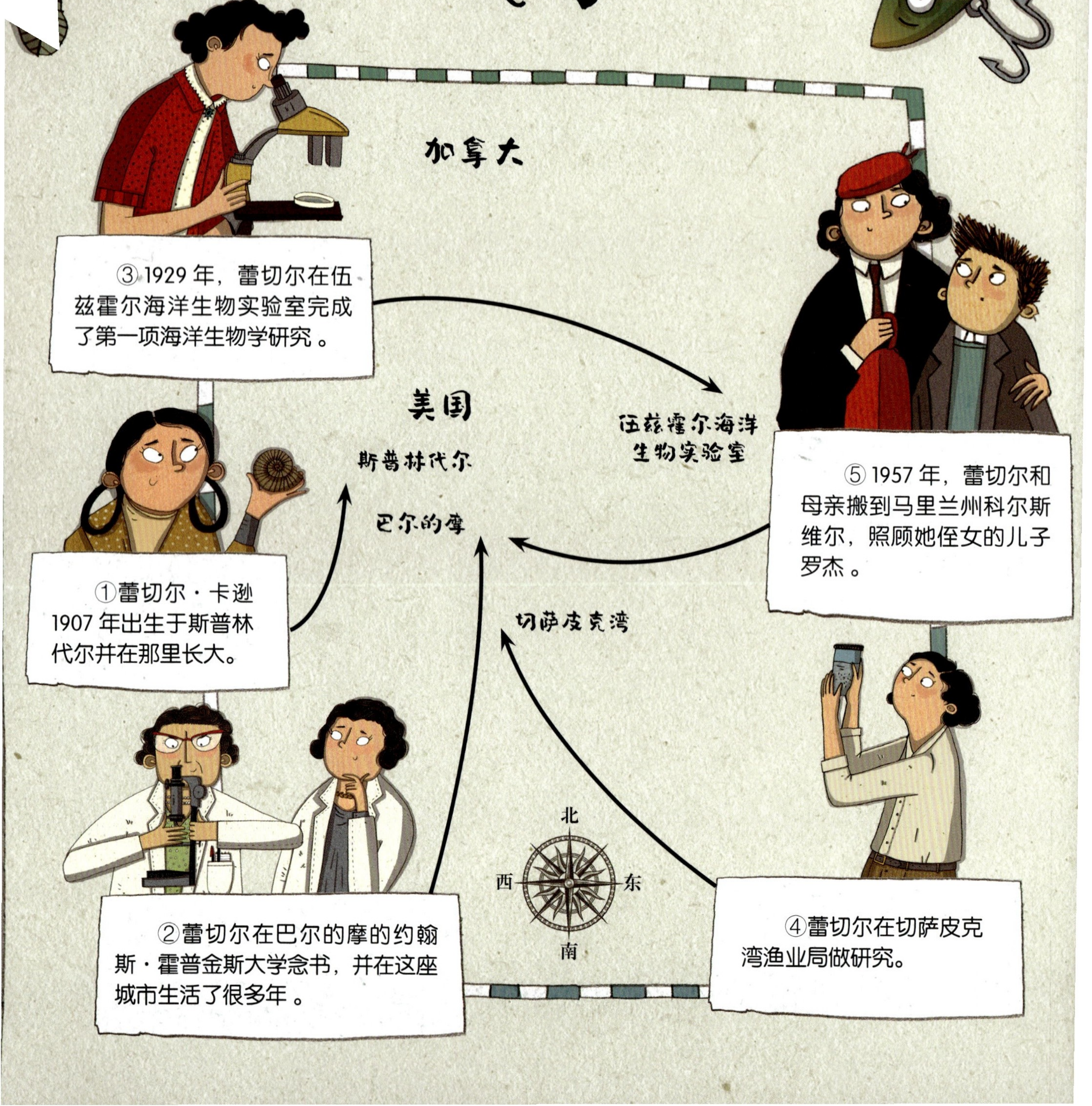

加拿大

美国

斯普林代尔

巴尔的摩

伍兹霍尔海洋生物实验室

切萨皮克湾

北 东 西 南

① 蕾切尔·卡逊 1907 年出生于斯普林代尔并在那里长大。

② 蕾切尔在巴尔的摩的约翰斯·霍普金斯大学念书，并在这座城市生活了很多年。

③ 1929 年，蕾切尔在伍兹霍尔海洋生物实验室完成了第一项海洋生物学研究。

④ 蕾切尔在切萨皮克湾渔业局做研究。

⑤ 1957 年，蕾切尔和母亲搬到马里兰州科尔斯维尔，照顾她侄女的儿子罗杰。

前言

历史上并不缺少女科学家。不过，直到 20 世纪，像蕾切尔·卡逊这样的女性才开始有机会在大学里学习自然科学，并以科学研究为职业。

蕾切尔·卡逊既是科学家，也是作家。她向那些不了解科学的普通大众传播一些重要的科学知识。

她是一名生物学家，研究自然环境中的海洋动物，然后撰写成文章。她发现，一些化学农药将给自然界造成可怕的影响，于是努力向人们揭示这些真相并寻求解决办法。她所撰写的《寂静的春天》在美国引发了环境保护运动。

本书将讲述蕾切尔的故事，包括她在宾夕法尼亚州的童年生活、作为海洋生物学家和作家的工作情况以及作为环保主义先锋对世界的影响。

童年生活

蕾切尔·卡逊出生于 1907 年 5 月 27 日。她从小热爱自然，喜欢写作。她和父母住在一个很大的农场里。她的姐姐和哥哥比她大很多，和她玩不到一块儿，于是她经常独自跑到户外去玩。

欢迎来到斯普林代尔

> 蕾切尔，你看，这儿的景色多么美啊！

> 大自然里有无穷的奥秘，等待我们去发现……

漫步大自然

在斯普林代尔，蕾切尔每天都和母亲在这片 64 英亩的农场土地上漫步。受到母亲的鼓舞，蕾切尔对大自然充满了热爱，对野生动物有无穷的好奇心。

圣·尼古拉斯儿童插画杂志

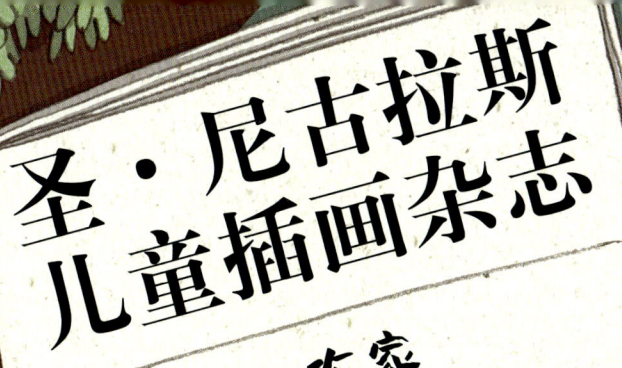

小作家

蕾切尔从小就想当作家。1918年，蕾切尔写了一个小故事，发表在一本儿童杂志上，这是她在文坛上的首秀。这时蕾切尔才10岁。她写的是一个真实的故事，关于第一次世界大战中一个勇敢的飞行员。随后，她很快就发表了更多的作品，对作家这个职业越来越充满热情，并为之感到兴奋。

大自然的伟大

蕾切尔的母亲是自然研究运动的热心支持者和追随者。这项运动旨在鼓励人们研究自然，激励孩子们在自然界发现造物者的伟大。

发现化石

蕾切尔和母亲在陆地岩石中发现了海贝化石。这些海贝在数百万年前就已经死亡，那时这片陆地还淹没在水里。这些化石使蕾切尔迷上了海洋和海洋生物。

当作家还是当科学家?

1925年高中毕业后,蕾切尔进入宾夕法尼亚女子学院英语专业学习,立志当一名作家。父母想方设法为她交了学费。在宾夕法尼亚女子学院就读期间,她受到了生物老师玛丽·斯科特·斯金克的影响。

斯金克的影响

斯金克和蕾切尔成了亲密的朋友,她们的友谊一直持续到斯金克去世。斯金克是她的启蒙老师、人生导师、支持者和朋友。

玛丽·斯科特·斯金克

快看,蕾切尔。

艰难的抉择

女性要成为科学家并不容易。许多时候，她们不得不在婚姻和事业之间做出选择。斯金克选择了事业。蕾切尔不需要这么为难：她从来没有和任何男性交往过，因此不需要做这样的选择。她一生都扑在科学与写作上。

改变人生方向

在斯金克的影响下，蕾切尔决定从英语专业转至生物学专业。她意识到自己的主要兴趣还是海洋。蕾切尔大学最后一年，斯金克离开她去完成约翰斯·霍普金斯大学的博士学位，蕾切尔十分难过。

> 嗨，我们要一起工作啦……

鲶鱼

撒尿的鲶鱼

第二年，蕾切尔获得了奖学金，在约翰斯·霍普金斯大学攻读动物学硕士学位，主要研究鲶鱼。蕾切尔研究了幼年鲶鱼的泌尿系统发育过程。

"向海呐喊"

蕾切尔对海洋有着浓厚的兴趣，这决定了她硕士学习的专业选择和职业规划。她很享受在海边进行实地考察。

暑期工

1929年，蕾切尔在伍兹霍尔海洋生物实验室打了一份暑期工。这是她做的第一份和海洋生物学相关的工作，是斯金克推荐她去的。做这份工作的时间虽然很短，但是为她未来的发展打下了基础。

> 那是什么？

> 我们把它带回实验室研究……

海洋研究中

1888年，伍兹霍尔海洋生物实验室在马萨诸塞州伍兹霍尔市成立。这是一个专注于海洋生物的教学与研究中心，研究主题包括海洋生态系统、不同海洋生物的大脑工作方式。

海龟的神经

在伍兹霍尔海洋生物实验室，蕾切尔把海龟和其他爬行动物的头部神经进行了比较研究。她还乘坐实验室科研船"信天翁二号"进行了一次深海样本采集。

神经系统真有趣！

纽约

大萧条

大萧条

1929 至 1939 年爆发了人类历史上最严重的经济大萧条。股市崩盘让许多投资者的钱化为乌有，变得一无所有。数以百万计的美国人失去了工作，一些人只能艰难地维持生计。到 1933 年，有五分之一的美国劳动者失业，一半的银行破产了，许多企业也倒闭了。这对蕾切尔的影响是巨大的。她没有钱继续攻读博士学位，不得不在 1934 年辍学，找了一份带薪的全职工作。

大萧条时期的失业工人

经济困难

蕾切尔一家长期面临经济困难，蕾切尔不得不一边学习，一边去做兼职。1935 年，父亲去世，供养母亲的任务就交给了蕾切尔，从此以后，供养亲人的重担便伴随了她的一生。

华盛顿

从事海洋研究

1935 年，蕾切尔在美国渔业局做了一份兼职工作。之前在伍兹霍尔时，她接触过美国渔业局的人，当时就觉得渔业局是一个非常适合她工作的地方，因为在这里可以跟她最喜欢的海洋和鱼类打交道。

初级生物学家

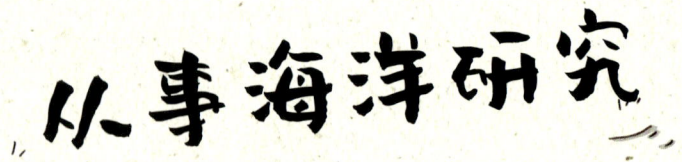

1936 年，蕾切尔成为渔业局的一名初级生物学家。当时渔业局只有两位女性生物学家，她就是其中之一。那时候，科学界还是以男性为主。女性要想获得一个职位，要比男性困难得多，往往需要加倍努力，才有可能被认可。

> 这就是我的生活。

水下罗曼史

她在渔业局的第一份工作，就是写 52 个有关海洋生物的广播稿，叫作"水下罗曼史"。这份工作结合了写作和海洋生物研究，对她而言再合适不过。为报纸、杂志写关于自然、历史的文章，也能帮助她获得一些额外收入。在这些早期的文章中，她就已经开始呼吁人们关爱和尊重动物以及它们赖以生存的环境。

"蕾切尔姨妈会照顾我们的。"

蕾切尔（右）收集海洋生物样本

讣告

玛丽安·威廉姆斯

蕾切尔的姐姐玛丽安·威廉姆斯在1937年1月底因肺炎去世，年仅39岁，留下两个女儿，弗吉尼亚（12岁）和玛乔丽（11岁）。玛丽安的丈夫没有和她们住在一起，也没有能力抚养两个女儿。于是两姐妹就跟着姨妈蕾切尔和外祖母一起在巴尔的摩附近生活。

照顾女孩们

从1937年开始，蕾切尔开始照顾姐姐玛丽安留下的两个女儿。这意味着，她不得不供养三个人，更需要钱了。

靠写作养家

为了挣更多的钱，蕾切尔更加勤奋地给杂志和报纸写文章。后来，有出版商建议她写一本书。她以前从来没想过，不过经人提醒，她倒觉得这主意不错。

多本著作出版

烹饪鲭鱼

在海风的吹拂下
蕾切尔·卡逊 著

1941年，蕾切尔的第一本书出版了。这本书通过讲述海鸥、鲭鱼和鳗鱼的故事，用简单明快、富有诗意的语言，向大众展示了海洋的奇妙。书出版后一个月，美国卷入了第二次世界大战，战争扰乱了所有人的生活，也让这本书的销量惨淡。

海鸥

鲭鱼

鳗鱼

鲭鱼

吃鱼

蕾切尔写了四本关于海洋食物的手册，介绍如何准备和烹调各种鱼肉。对于当时许多美国人来说，鱼肉并非一种常用食材。战争的爆发，刺激了人们对于鱼肉的需求，因为它含有丰富的蛋白质。

远大抱负

蕾切尔的写作能力让她在渔业局得到了晋升。但她最期望的是能全职写作。她需要写出一部成功的书，才能实现这个梦想。

帕克河：1947年国家野生动物保护区

纽约新闻

第二次世界大战

全球卷入战争

1941年12月7日，珍珠港的战舰遭到意外袭击。这场从1939年爆发的战火，从欧洲蔓延到了美国。平民百姓应征入伍，或为战争服务。工厂转行制造武器。

偷袭珍珠港

手册

蕾切尔编写了一套《环境保护在行动》手册，共12本，内容是关于美国国家野生动物保护体系的，呼吁人们设立特定的区域来保护野生动物。其中4本是她在渔业局最快乐的两年里写出来的。

11

畅销书作家

蕾切尔所有的书都在呼吁人们思考和爱护自然。1951年，她的第二本书《我们周围的海洋》出版。这本书在《纽约时报》畅销书排行榜上盘踞了86周，创下新纪录。这本书的出版给蕾切尔带来了很高的收入，于是她离开了渔业局，不久后写了第三本书：《海的边缘》。

我们周围的海洋

这本书涉及海洋的方方面面，包括：野生动物、海床测绘、潮汐、风和海浪的影响以及海洋与陆地之间的相互作用。

该书并没有对地球的地质历史着墨太多，而是用了大量篇幅介绍海洋科学知识，讲述了海岛如何形成以及如何被野生动物占领。

> 海洋有着如此多的奥秘等待我们去发现！

岛屿

热带暴雨

狂风

遍布岛屿的植物

收养文件

孩子的名字：罗杰·克里斯蒂

收养罗杰·克里斯蒂

1957年，发生了一件令人伤心的事情，年仅31岁的玛乔丽不幸去世。她是蕾切尔的侄女，在蕾切尔的资助下长大，去世时留下一个5岁的儿子罗杰·克里斯蒂。蕾切尔收养了罗杰并带着70多岁的母亲搬到马里兰州去照顾他，把他当作自己的孩子一样抚养。

海荨麻水母

黑天使鱼

泥蟹

海的边缘

这本书也获得了巨大的成功。它介绍了大西洋沿岸多种动物和植物的生活。每种生物在书里都有细致的描绘，一幅波澜壮阔的海滨生命画卷展现在人们眼前。

科学奇迹还是自然威胁？

战争结束以后，杀虫剂的使用迅速增加。杀虫剂似乎具有神奇的效果，能轻松杀死害虫。美国政府极力推荐农场主使用狄氏剂和七氯这两种杀虫剂来杀死火蚁。其实，火蚁并不是什么大问题，不过这倒是激发了人们对使用新方法杀虫的热情。

1957 年，蕾切尔注意到了这一点，于是将杀虫剂的潜在危害作为她下一个研究项目。

嘿，我没那么讨厌！

人与虫的战争

二战中，在热带地区作战的美军经常遭遇虫子的袭击，有些虫子携带着致命的病毒。喷洒杀虫剂滴滴涕挽救了许多人的生命。战争使用剩下的杀虫剂被用来喷洒农场和林地。

滴滴涕可以驱虫！

危险警告

美国政府和农业界鼓励使用杀虫剂，而对一些科学家的担忧置若罔闻。早在1946年，科学家们就警告说，杀虫剂也可能杀死益虫，比如蜜蜂。关于杀虫剂对其他动物和人有害的报道，也开始出现。但是杀虫剂是一门大生意，并且杀虫效果好，谁也不愿意轻易放弃。

他说，都怪滴滴涕。

对人类的危害

从1945年起，像多萝西·科尔森和玛米·艾拉·普莱勒两姐妹这样的环保主义者开始收集与杀虫剂有关的受害报告。

病痛和疲惫

有人抱怨滴滴涕引起呕吐、发抖和癫痫。

抨击滴滴涕

《纽约客》杂志邀请蕾切尔写一写滴滴涕。这份工作最终造就了她的下一部,也是改变世界的一部著作——《寂静的春天》。这本书在1962年出版。卡逊既拥有科学家的缜密思维,又拥有作家的写作技巧,这让她写的书既权威,又有说服力。人们再也无法忽视她的这些发现了。《寂静的春天》讲述了包括滴滴涕在内的杀虫剂在环境中传播,引发的一个令人意想不到的可怕故事。

1. 滴滴涕被喷洒下来

在美国各地,有毒的杀虫剂被喷洒在广阔的土地上。尽管它们只针对农作物,但是喷洒时却很容易飘散。

2. 进入河流

杀虫剂飘进房屋、花园,掉进池塘、河流。

3. 杀死昆虫

这种有毒化学物质不加区分地杀死所有昆虫,包括害虫和益虫。

农场主

农场主想用杀虫剂来保护他们的庄稼。昆虫吃掉庄稼，会给他们造成损失。他们不愿意放弃像滴滴涕这样有效的化学物质。

6. 野生动物消失！

最后的结局是，这一片区域都将听不见一声鸟鸣，看不见一条鱼儿。蕾切尔揭露了这样的环境灾难。

鱼儿都去哪儿了？

4. 造成动物伤亡

一些地区的人们反映，喷洒滴滴涕后几个小时内，数以百计的鸟儿和鱼儿不断死去。大量鱼类中毒，因为滴滴涕从土壤里被冲刷出来汇集到河流里。

5. 土壤被污染

这种毒药掉进土壤，被生存在土壤里的虫子吃掉；中毒的虫子被知更鸟和其他鸟儿吃掉，然后鸟儿们也会死去。

对科学和政策的影响

《寂静的春天》的另一个重要贡献是，促进了相关部门对农业环境保护的法律监管。蕾切尔认为，对于大众和科学家已经发现的环境问题，要进行充分调查，然后制定政策。

我们必须遵循科学事实。

我们必须改变政策！

我们今天所知道的一切

我们今天知道，政府不听取专家意见或者只听取一方的意见，就可能作出错误的决策。新的科学发现也支持了蕾切尔的研究论，证明了为什么滴滴涕会如此危险……

动物死亡真相

如果其他动物，如鱼、鸟类和哺乳动物吃了中毒的昆虫，滴滴涕就会在它们的体内积聚，并分解成另一种化学物质滴滴伊。这两种化学物质都会聚集在身体脂肪中。如果脂肪只是储存，并不会造成伤害。但是脂肪一旦被分解，就会引发中毒。蝙蝠在长途飞行时就需要分解储存的脂肪来获得能量。

滴滴涕是如何杀死昆虫的？

滴滴涕会破坏神经在体内传输信息。中毒的昆虫无法控制自己的身体，四处乱窜，直到死去。

生物放大

滴滴涕对生物系统的另一个巨大危害，是生物放大。进入河流中的杀虫剂被水中的小生物吸收。这些小生物被鱼吃掉。然后鱼被食肉动物吃掉，这些食肉动物包括鳄鱼、其他鱼类、鸟类、哺乳动物和人类。在以上每一个步骤中，这种化学物质都会在动物体内越积越多，这就是生物放大。

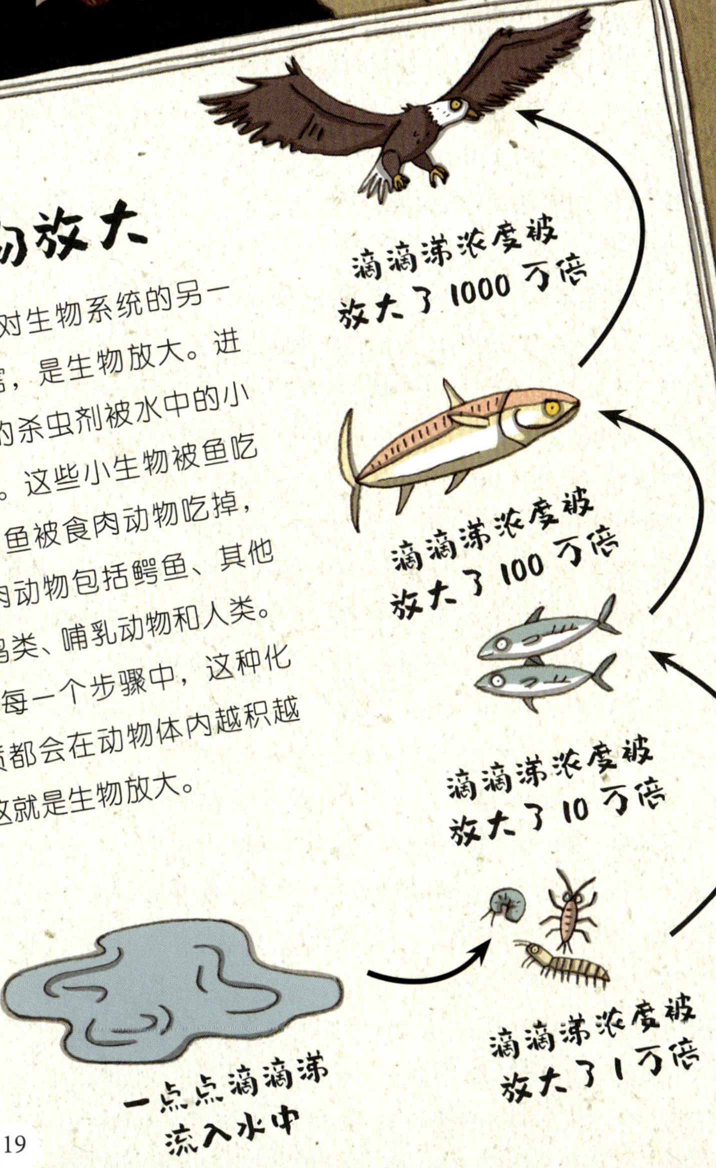

滴滴涕浓度被放大了1000万倍

滴滴涕浓度被放大了100万倍

滴滴涕浓度被放大了10万倍

滴滴涕浓度被放大了1万倍

一点点滴滴涕流入水中

《寂静的春天》产生的影响

《寂静的春天》出版后，社会反响很激烈。很快，杀虫剂行业开始攻击蕾切尔，声称她的研究是错误的。蕾切尔坚决与他们对抗到底。

我必须调查清楚。

惊动总统

1960年，蕾切尔患了乳腺癌。生病期间，她仍然在公开场合和电视上为她的书辩护。肯尼迪总统要求对此进行调查，调查结果最终证实和支持了她的观点。

约翰·肯尼迪总统

危险药品

1960年，一位女科学家拯救了美国人，使他们免遭另一种危险化学药品的危害。她是弗朗西斯·凯尔西，因为不确定沙利度胺是否安全，她拒绝批准其在美国上市。而在世界其他地区，沙利度胺的使用带来了可怕的灾难，造成数千名婴儿有先天性缺陷。

> 我不确定这个药……

> 别让鲁莽的决定让我们的世界陷入危险！

科技进步的负面影响

滴滴涕诞生之初，被誉为"发明奇迹"，但是后来却"变味儿"了。原子弹和沙利度胺等也属于这类科学成就。通过蕾切尔的努力，美国公众意识到，我们对环境的所作所为，可能会导致意想不到的、人们不愿接受的后果。人类的进步并不总是直线前进的，科学成果必须经过周密的检验和测试。蕾切尔证明，环境是一个复杂系统，由植物、动物和微生物的相互作用构成，而环境的平衡很容易被破坏。

留给世界的遗产

蕾切尔于1964年4月14日去世。她的作品给人们带来了启示。在《寂静的春天》面世之前,人类想尽一切办法与自然抗争,试图控制自然,并且坚信一定能成功。蕾切尔让我们认识到,自然是一个脆弱的平衡系统,而我们只是这个脆弱系统的一部分;如果我们与自然作对抗,最终只会两败俱伤。

禁用滴滴涕

不久后,美国下令禁止在农业和家庭中使用滴滴涕。接下来的几年里,更多的杀虫剂被禁止使用。1970年,美国国家环境保护局成立。这些都是蕾切尔努力的成果。虽然滴滴涕仍然可以用来控制病害,但是在2004年,滴滴涕的禁令就已覆盖全球多个国家,尽管还是有一些国家无视禁令,我行我素。

蕾切尔·卡逊奖

为纪念蕾切尔，2004年蕾切尔·卡逊奖设立。颁奖仪式在春天举行，由奥杜邦协会颁发给全球或本地区为物种和环境保护做出杰出贡献的美国女性。奥杜邦协会由哈丽特·海门威和米娜·B.霍尔在1898年成立，初旨在于保护鸟类。

环境问题抗议活动

环保运动在美国

《寂静的春天》产生的影响远比禁用杀虫剂更深远。它掀起了美国的环境保护运动，唤醒了大众的环保意识。"绿色和平组织"（1971年）和"地球之友"（1969年）等环保组织成立，帮助大众了解并组织大众参与环保运动。现在，环保运动规模庞大，涉及范围广，如气候变化、海洋塑料、垃圾等。

环保运动在全球

《寂静的春天》在北美以外的地区产生的影响相对较小。因为其他地区的农场田地遭受大规模虫害的范围较小，杀虫剂喷洒也较少。但是他们各有各的环境问题。从20世纪60年代开始，环保运动波及全球，现在全世界都在关注环境问题。

人生时间轴

1907
5月27日，蕾切尔·卡逊出生在宾夕法尼亚州斯普林代尔。

1929
暑假，蕾切尔在伍兹霍尔海洋生物实验室工作。

1937
蕾切尔的姐姐玛丽安去世。蕾切尔和母亲照顾起了玛丽安的两个女儿。

1925
蕾切尔开始在宾夕法尼亚女子学院英语专业学习。

1926
蕾切尔跟着玛丽·斯科特·斯金克学习生物学。

1935
蕾切尔的父亲去世，留下她来供养母亲。

1936
蕾切尔被任命为美国渔业局的初级生物学家。

1941
蕾切尔出版了她的第一本书《在海风的吹拂下》。

1952
蕾切尔离开渔业局，开始全职写作。

1948
蕾切尔的导师兼挚友玛丽·斯科特·斯金克去世。

1955
蕾切尔的第三本书《海的边缘》出版。

1951
蕾切尔的第二本书《我们周围的海洋》出版，并且大获成功。

1957
蕾切尔的侄女玛乔丽去世，留下儿子罗杰让蕾切尔照顾。

1960
蕾切尔被确诊患了乳腺癌。

1962
《寂静的春天》出版。

1963
蕾切尔为自己的作品辩护，并回击了批评者。

1964
4月14日，蕾切尔因心脏病突发去世。

WOMEN IN SCIENCE
杰出女科学家

人类历史上出现了不少女性科学家，"杰出女科学家"丛书以此为切入视角，选取多位世界知名的女性科学家，以绘本的形式讲述她们的人生故事。

《黑猩猩的守护者——珍·古道尔》是一本趣味十足的儿童科普绘本。书中讲述了女科学家珍·古道尔与黑猩猩结缘，投身科学研究并置身于野生动物保护工作的励志故事。珍从小就热爱动物，对非洲充满了向往。22岁时，珍第一次来到非洲，完成了自己想看野生动物的梦想。后来，珍在冈贝遇到了黑猩猩，这让她痴迷。她耐心地观察黑猩猩，并亲昵地为它们取名字，获得了很多重要的发现。2002年，珍·古道尔被任命为联合国和平使者。她的很多发现彻底改变了我们对黑猩猩的认识，她的故事激励着我们要为自己喜爱的事业去努力奋斗。

《黑猩猩的守护者——珍·古道尔》

《动物权益的推动者——坦普尔·葛兰汀》展现了杰出女科学家、自闭症患者坦普尔·葛兰汀与疾病顽强抗争并取得丰硕科学研究成果的一生。著名畜牧学学者、畅销书作家和动物行为研究专家坦普尔·葛兰汀生于波士顿，两岁时被诊断出患自闭症，直到四岁才开始说话，后经过不断努力，一路艰辛却骄傲地成长为一名对世界有巨大影响力的自闭症启蒙活动家与家畜权利保护学者。2010年时代周刊评选出了100位"全球最具影响力人物"，坦普尔·葛兰汀位列第五位。

《动物权益的推动者——坦普尔·葛兰汀》

蕾切尔·卡逊既是科学家，也是作家，还是环保运动的先锋。她向那些不了解科学的普通大众传播了一些重要的科学知识。她的作品《寂静的春天》（Silent Spring）推动了美国乃至全世界环境保护事业的发展。本书内容包括"童年生活""当作家还是当科学家？""向海呐喊""畅销书作家"等十几个小节，以简单幽默的语言展现了蕾切尔·卡逊伟大的一生，她的成长故事、卓越成就和精神遗产，体现了她对人类生态环境保护的科学性、前瞻性、长远性思考，引导我们思考人与自然的关系，呼吁人们保护生态环境。

《环保运动先锋——蕾切尔·卡逊》

爱达·勒芙蕾丝，是英国著名诗人拜伦之女，数学家，计算机程序创始人，建立了循环和子程序的概念。她被称为"数字女王""第一位给计算机写程序的人"。绘本形象生动，画面饱满，色彩柔和又不失视觉冲击力，展现了爱达伟大的一生。她的成长故事、卓越成就和精神遗产，对我们增加科学知识、了解科技发展的历史、学习科学家对科学研究与创新的执着精神，有着良好的作用。

《计算机程序创始人——爱达·勒芙蕾丝》